AF436081

ASILE
AU PAYS DES MERVEILLES
La comédie musicale

ISBN papier : 979-10-219-0325-8.
ISBN des versions numériques : 979-10-219-0326-5.

Évelyne André-Guidici

Skull Sisters & Kharma Legal

CRÉATION

Texte théâtral :
Évelyne André-Guidici

Chansons (textes et musique) :
Ludmilla André, Oriane André (Skull Sisters)
Sauf : *Il ne vous reste que treize novembres*
(Kharma Légal)

Interludes musicaux et arrangements :
Alain Bouleau, Hervé André, Vincent Maufroy

Décors :
Hervé André, Christophe Lack

Mise en scène : Évelyne André-Guidici

Interprètes :
Ludmilla André / *DARKLICE*
Oriane André / *MANI*
Vaïhere Chardon / *TOKI*
Samuel Galuola / *PSYCHO*
Lucie Josserand / *CAROLE*
Lauriane Kuter / *LOUISE*
Loane Tillard / *SISSI*
Vincent Maufroy / *HOMME DE MÉNAGE 1*
Alain Bouleau / *HOMME DE MÉNAGE 2*

Personnages

Les « fous »

Darklice, la schizophrène,
Alice, qui va d'un monde à l'autre

Sissi, la narcissique,
la reine de cœur, qui veut qu'on l'aime

Mani, la maniaque,
le chat, qui sourit dans toutes les circonstances

Psycho, le psychopathe,
le chapelier fou, resté bloqué à l'heure du thé

Toki, l'obsédée de l'heure, la « burn-outée »,
le lapin, qui pense sans cesse à l'heure

Les infirmières

les « normales », méchantes, matérialistes, orgueilleuses

Louise

Carole

Les musiciens

À la guitare et à la batterie : Les hommes de ménage
les valets de cœur, car ils entretiennent l'asile.

Au piano : Darklice

Introduction

Une création originale
à partir d'un conte devenu mythique

Des chansons composées et écrites par les jeunes Skull Sisters, un texte théâtral écrit par Évelyne André-Guidici (écrivain, prix « Livre mon ami », 2017), des arrangements et interludes musicaux par Kharma Légal, une troupe de chanteurs et comédiens fougueux, sur scène, piano, percussions, guitare : voici une création originale qui mêle chant, musique live et théâtre… en prenant appui sur le conte de Lewis Caroll, dont les éléments font partie de notre inconscient collectif.

> *« Heureux soient les fêlés,*
> *car ils laisseront passer la lumière. »*
> Michel Audiard

L'ensemble du spectacle est construit à partir de ce postulat : douze scènes, comme les douze heures du cadran, font voyager le spectateur dans un monde féerique, imaginaire, rempli de sons, de musique et de lumière… Un monde qui pourrait être le nôtre.

Un texte piquant et comique

Par le regard étrange qu'ils portent sur ce qui les entoure, les « fous » ont leur propre vision du monde, différente, qui rejoint parfois celle d'une jeunesse qui ne sait pas toujours comment se construire, et qui ne peut que ressentir de la révolte face aux injustices, face à la vitesse toujours accrue de nos existences et à notre boulimie d'informations, de loisirs et de résultats. Néanmoins, le rire n'est jamais loin, grâce aux dialogues parfois loufoques et aux délires des personnages, fantasques, mais touchants.

Des personnages étonnants, allégories des folies du monde

Entre un chat du Cheshire, proche de Catwoman, qui revendique le droit de ne pas sourire et de ne pas être réduit à une belle apparence, un chapelier bloqué à l'heure du thé pour éviter les journaux télévisés et une reine de cœur en mal de reconnaissance, les personnages expriment le malaise que l'on peut ressentir face aux médias, aux réseaux sociaux et à la tyrannie de la « vitrine » qui nous est imposée.

Le monde « normal », parce que majoritaire, est plein de paradoxes, d'absurdités et de non-sens que les dialogues mettent en évidence.

Il faut, de temps en temps, savoir franchir les limites de cette normalité pour être plus humain.

Des références hétéroclites

Co-création entre le groupe musical des Skull Sisters, adolescentes de 16 ans, et cinq autres comédiens et chanteurs de 16 à 18 ans, le groupe Kharma Légal et l'écrivaine Évelyne André-Guidici, cette comédie musicale est nourrie de références musicales, cinématographiques, théâtrales et littéraires classiques, mais aussi de l'univers gothiquo-nippon des Skull Sisters. La jeunesse des interprètes co-créateurs insuffle à ce spectacle la révolte adolescente dans tout ce qu'elle a de fascinant.

Et si les fous n'étaient pas ceux que l'on croit ?
Et si la folie n'était qu'une réponse
à la folie du monde ?

*La scène se passe à l'asile
puis dans le monde merveilleux.*

À l'asile

Décor blanc, type hôpital. Côté jardin, en fond de scène, une estrade avec une table et des chaises. Un personnage joue aux cartes (Sissi). Au fond, côté cour, se trouve un personnage qui crie de temps en temps (Mani). Sur le devant, côté jardin, au piano, Darklice joue son thème très lentement et avec des fausses notes. Plus au centre, un fauteuil vide, face au public. Côté cour, un miroir auquel on accède par des marches. Partout sur scène, un personnage court et tourne en rond (Toki) autour d'un personnage qui semble recevoir des gens imaginaires (Psycho). Côté cour, une petite table avec un service à thé. Deux hommes de ménage passent le balai et la serpillière. Tous les autres personnages ont des camisoles blanches, ou sont enveloppés dans des couvertures. Les hommes de ménage sortent. Darklice quitte le piano et va rejoindre le fauteuil au milieu. Deux infirmières en blouse blanche, sabots blancs, l'air revêche, entrent en scène.

Carole. — Alors, Louise?

Louise. — Alors, Carole?

Carole. — Tes vacances?

Louise. — Les pieds dans l'eau, génial! On a pris l'avion trente heures dans un sens, trente heures dans l'autre. Deux jours sur place. Au paradis!

Carole. — C'est un beau pays?

Louise. — Ah, ben, je sais pas… *Le paradis*, c'est le nom de l'hôtel. Je suis restée à l'hôtel tout le temps, moi. Tu sais, j'étais crevée à cause de l'avion.

Carole. — Eh, oui. Et là ça va mieux?

Louise. — Ah, ben, non… je suis crevée à cause de l'avion.

Sissi s'énerve toute seule avec ses cartes.

Carole. — Alors, l'impératrice? Hein Sissi? Alors, on joue encore aux cartes toute seule? C'est bien…

Sissi. — Laissez-moi tranquille, espèces de paysannes! Gueuses!

Louise. — Eh, ben, si j'aurais su qu'il y aurait des patients si atteints et qui parlent si mal, ben, j'aurais pas revenu de mes vacances. Ils parlaient tous l'étranger là-bas. Enfin, faut dire, c'était à l'étranger, mais quand même… parler l'étranger malgré que nous on le parlait pas… y en a qui se croivent tout permis. Et pis, qui font pas l'effort de parler correctement en plus.

CAROLE. — Je te le fais pas dire… Attends, je vais te montrer les autres nouveaux.

LOUISE. — Mais il y a que des nouveaux, j'ai l'impression. Ils sont où, les autres ? Je suis pas partie longtemps, quand même !

CAROLE. — Ah, ben, tu sais… ça va vite… un coup de froid, on oublie un médicament, on se trompe dans la prescription… Enfin, c'est pas une science exacte…

LOUISE. — Bon, ben, pas la peine de me les présenter, s'ils résistent pas mieux.

CAROLE. — Oh… crois-moi, ils résistent, ceux-là, ils résistent au traitement, en tout cas. Regarde l'autre, Psycho, là-bas, avec son chapeau…

Elles passent près de Mani.

CAROLE. — T'approche pas trop de celle-là. C'est Mani. Elle peut être violente.

LOUISE, *en montrant Toki.* — Et pourquoi elle tourne dans tous les sens, elle ?

CAROLE. — Obsédée par le temps qui passe…

LOUISE. — Et la petite, dans le fauteuil ?

CAROLE. — Oh, alors elle, la petite Darklice, c'est un cas grave… Elle entend des voix… Mais attention, c'est jamais des voix du type « Bois un coup, mange une pizza, fais tes courses, consomme… »

MANI. — …Pollue tranquillement !

CAROLE. — Non, non, non, elle, c'est plutôt du genre « un autre monde », « il y a un autre monde possible ». *Elles éclatent de rire.* Enfin bon… en plus, selon elle, il y aurait des gens qui nous regardent…

LOUISE. — Pourquoi pas qui nous écoutent, pendant qu'on y est…

CAROLE. — Tu vois des gens qui nous regardent, toi ? *Elle prend une lampe de poche, éclaire le public…* Wooohooo, y a quelqu'un ? *Le public réagit, Darklice le regarde et l'entend, sort de sa torpeur.* Pfff… N'importe quoi…

LOUISE. — Bon, on va chercher les médicaments ?

CAROLE. — Tu les feras pas tous tomber comme la dernière fois ?

LOUISE. — De toute façon, c'est tous les mêmes…

Elles sortent.

Toki se jette sur le fauteuil aussitôt que Darklice se lève, comme si elle attendait depuis longtemps de récupérer « son » fauteuil. Alice passe de l'autre côté du miroir.

Sans raison (Darklice)

Paroles et musique : Skull Sisters

Il y a quelque chose dans cette maison
J'entends des voix sans raison
J'entends des voix sans raison
J'entends des voix sans raison

J'ai vu quelqu'un, mais il n'y a personne
Ne te lève pas, quand minuit sonne
J'entends des voix sans raison
J'entends des voix sans raison

Il y a quelque chose qui nous regarde
Je t'en prie, prends garde
Il y a quelque chose qui nous regarde
Il y a quelque chose qui nous regarde

Arrêtez de dire que je mens
J'ai vraiment vu du sang
Il y a quelque chose qui nous regarde
Il y a quelque chose qui nous regarde

Mais quoi que je fasse
Quoi qu'il se passe
Je suis toujours dans l'impasse
Dans l'impasse
Dans l'impasse

Je t'en prie, fais attention
N'écoute pas les félicitations
J'entends des voix sans raison
J'entends des voix sans raison

Ne t'approche pas du miroir
Car ce n'est pas toi que tu vas voir
Ne t'approche pas du miroir
Ne t'approche pas du miroir

Il y a quelque chose qui nous regarde
Je t'en prie, prends garde
Il y a quelque chose qui nous regarde
Il y a quelque chose qui nous regarde

Mais quoi que je fasse
Quoi qu'il se passe
Je suis toujours dans l'impasse
Dans l'impasse
Dans l'impasse

Darklice passe de l'autre côté du miroir.

Toutes les personnes qui écouteront cette chanson
Se retrouveront certainement dans cette maison
Toutes les personnes qui ne font pas attention
Entendront sûrement les félicitations

J'entends des voix sans raison

Les fous s'agitent et courent partout, les infirmières reviennent, avec une alarme et le mégaphone, et les fous sont évacués de la scène. Une sirène se fait entendre. Les hommes de ménage lâchent leurs ustensiles et sortent.

NOIR

Changement de décor.

Scène 2

Le monde de mes rêves

Découverte du monde inversé.

Darklice entre en scène côté cour, comme si elle ressortait du miroir. En même temps, tous les éclairages de scène s'allument, éclairage du monde merveilleux. Lumières étonnantes sur scène. Quand tout est éclairé, Darklice entre sur scène en passant par le miroir. Moment de grâce, très poétique. Darklice, seule au piano.

Le monde de mes rêves (l'utopie de Darklice)

Paroles et musique : Skull Sisters

Vois-tu le monde de mes rêves ?
Vois-tu les peurs qui s'enlèvent ?
Ah !
J'ai rêvé d'une famille parfaite,
Mais celle-ci est restée dans ma tête.

Je veux le monde de mes rêves,
Sortir enfin du réel !
J'aimerais enfin faire une trêve,
Sortir de ce cycle éternel !
Je veux le monde de mes rêves,
Sortir enfin du réel !
J'aimerais enfin faire une trêve,
Sortir de ce cycle éternel !

Entends-tu les chants qui s'élèvent ?
Entends-tu les gens qui se lèvent ?
Ah !
Je ne vois pas où est le mal,
De ne pas être normal !

Je veux le monde de mes rêves,
Sortir enfin du réel !
J'aimerais enfin faire une trêve,
Sortir de ce cycle éternel !
Je veux le monde de mes rêves,
Sortir enfin du réel !
J'aimerais enfin faire une trêve,
Sortir de ce cycle éternel !

Mes nuits,
Sont plus belles que vos jours !
Vos vies,
Vous les rêverez toujours !
Ainsi,
Tourne le monde !

S'ensuit,
Une infernale ronde !

Je veux le monde de mes rêves,
Sortir enfin du réel !
J'aimerais enfin faire une trêve,
Sortir de ce cycle éternel !
Je veux le monde de mes rêves,
Sortir enfin du réel !
J'aimerais enfin faire une trêve,
Sortir de ce cycle éternel !

La musique change progressivement et devient la musique de l'horloge au piano. Une furie se dirige vers le piano : c'est Toki.

SCÈNE 3

L'horloge

L'horloge (Toki)

Paroles et musique : Skull Sisters

Tic tac tic tac tic tac tic tac tic ahah
Tic tac tic tac tic tac tic tac tic ahah

Je perds la tête, je perds la face
Quand les souvenirs refont surface
Tic tac tic tac tic tac tic tac tic ahah
Tic tac tic tac tic tac tic tac tic ahah

Chaque personne a son heure
Et quand elle sonne, quelqu'un meurt
Tic tac tic tac tic tac tic tac tic ahah
Tic tac tic tac tic tac tic tac tic ahah

Ne vois pas le mal
N'entends pas le diable
Ne parle pas au démon
J'ai pactisé avec cette maison

Tic tac tic tac tic tac tic tac tic ahah
Tic tac tic tac tic tac tic tac tic ahah

Je marche devant les pompes funèbres
Je marche droit dans les ténèbres
Tic tac tic tac tic tac tic tac tic ahah
Tic tac tic tac tic tac tic tac tic ahah

Ne t'approche pas du piano
Où sont marqués les numéros
Tic tac tic tac tic tac tic tac tic ahah
Tic tac tic tac tic tac tic tac tic ahah

Ne vois pas le mal
N'entends pas le diable
Ne parle pas au démon
J'ai pactisé avec cette maison
Tic tac tic tac tic tac tic tac tic ahah
Tic tac tic tac tic tac tic tac tic ahah

Je suis en train de perdre la raison
À force de remonter le temps
C'est comme un horrible poison
Qui te consume doucement
Tic tac tic tac tic tac tic
Tic tac tic tac tic

Je suis en train de perdre la raison
À cause de ce maudit poison
À force de remonter le temps

Je me consume doucement
Tic tac tic tac tic tac tic
Tic tac tic tac tic

DARKLICE. — Pourquoi cette obsession du temps qui
passe ?

TOKI. — Je n'ai que vingt ans, mais j'ai passé sept ans
à dormir, quatre ans à étudier, et quelques mois
à me brosser les dents. Les autres années sont
réparties en semaines de repas et en journées de
transport.

DARKLICE. — C'est vrai, j'ai une heure de bus par
jour, pour aller au lycée, ça fait que je passe un
jour et demi par an, juste pour aller en cours !

TOKI. — Si on pouvait mettre tous ces instants bout
à bout, on serait débarrassés : tout le transport
de tout le lycée en une semaine.

DARKLICE. — Et j'aurais plus de temps…

Carole et Louise arrivent sur scène.

CAROLE. — Ah, Louise, du temps, du temps, c'est ce
qui manque toujours.

LOUISE. — Ah, Carole, y en a qui ont le temps de
faire des trucs : du sport, de créer, de l'art…

CAROLE. — C'est des gens qui n'ont rien d'autre à
faire, moi avec mon gosse, le travail, les allers-
retours, je n'ai pas le temps…

LOUISE. — Moi, c'est pareil, tiens, j'ai vu une vidéo
là-dessus… mais débile… une vidéo qui s'appelle

Comment prendre son temps, soi-disant, tu peux « prendre le temps »... ben, j'te prie de croire que je lui ai mis un de ces commentaires à cette vidéo, ça m'a pris deux heures pour bien l'écrire, mais là, j'ai bien donné mon avis...

TOKI. — Donc, si vous faites des commentaires tous les jours pendant deux heures... cela fait sept cent trente heures de commentaires par an...

MANI. — Admettons que vous viviez quatre-vingt-cinq ans...

PSYCHO. — Avec cette hygiène de vie, mettons soixante-cinq...

MANI. — Les femmes ont une espérance de vie plus longue que les hommes... je dirais que vous pouvez vivre jusqu'à soixante-dix ans...

SISSI. — Admettons que vous ayez commencé à écrire des commentaires à vingt ans...

DARKLICE. — Cela nous fait cinquante ans de commentaires, soit...

PSYCHO. — Cinquante fois trois cent soixante-cinq jours, fois deux heures...

TOKI. — Ce qui nous donne trente-six mille cinq cents heures soit mille cinq cent vingt jours soit... quatre ans ! Quatre années complètes...

SISSI. — Donc, quand l'horloge sonnera votre mort, vous aurez passé quatre ans à écrire des commentaires.

LOUISE. — J'aime pas trop quand les patients nous parlent...

Carole. — C'est l'heure de notre pause, alors ça tombe bien…

Mani. — Avant mort, c'est pas l'or, après l'heure, ben tu meurs… euuuh… il faut profiter pendant qu'il est temps…

Les infirmières sortent, les hommes de ménage entrent et s'installent.

Scène 4

La reine de cœur

Toki à Darklice. — Viens, il faut que je te présente à tout le monde. Regarde, Psycho, nous avons une nouvelle !

Psycho. — J'espère qu'elle n'apporte pas de mauvaises… nouvelles.

Mani. — La nouveauté est la main armée de la consommation.

Sissi. — Est-ce qu'elle sait, au moins, qui gouverne le royaume de la folie ? Connaît-elle notre hiérarchie ?

Toki. — Respecte Sissi, c'est notre reine ! Elle veut des *likes*, des *comm*, des *j'aime*. Lève le pouce dès qu'elle passe…

Mani. — … sinon tu trépasses !

Mon règne (l'empire de Sissi)

Paroles et musique : Skull Sisters

J'ouvre mon ordinateur
Pour voir mon nombre de cœurs

Zéro zéro zéro
Je demande juste un peu d'amour
Mais je l'avoue, j'attends toujours
Zéro zéro zéro
Je ne comprends pas pourquoi
Ça ne marche pas
Zéro zéro zéro

Si mon nombre de cœurs n'augmente pas
C'est sous la terreur que
Mon règne viendra
Si l'amour que je veux ne vient toujours pas
Ce sera par le feu que
Mon règne viendra

Mon règne viendra
Mon règne viendra
Mon règne viendra

Je commence à être détraquée
À être complètement tarée
Zéro zéro zéro
Je mène une vie à deux visages
En faisant du chantage
Zéro zéro zéro
Je ne comprends pas pourquoi
Ça ne marche pas
Zéro zéro zéro

Si mon nombre de cœurs n'augmente pas
C'est sous la terreur que
Mon règne viendra
Si l'amour que je veux ne vient toujours pas
Ce sera par le feu que
Mon règne viendra

Je n'ai pas grandi dans une famille aimante
C'est ce qui m'a rendue démente
Mais maintenant, je suis aimée
J'ai un foyer fou à lier

Quel que soit le nombre de cœurs, ça suffira
Oublions la terreur, car
Mon règne est là
L'amour que je veux enfin se déploie
Éteignons le feu, car
Mon règne est là

Faites attention

Sissi. — Te voilà au courant de notre hiérarchie. Mais connais-tu les dangers qui règnent ici ?

Darklice. — Des dangers ?

Faites attention

Paroles et musique : Skull Sisters

Faites attention, dans ce monde merveilleux
Faites attention, à la femme aux multi-yeux
Faites attention, au village des loups-garous
Faites attention, dans cette île,
    tout le monde est fou
Faites attention, aux amoureux suicidaires
Faites attention, aux potions de la sorcière

Dans ce réel si merveilleux
Pourquoi personne n'est heureux ?
Qui pourra donc nous sauver
De ces monstres affamés ?

Faites attention, au flûtiste envoûtant
Faites attention, au puissant loup-garou blanc
Faites attention, au soi-disant protecteur
Faites attention, à cet ignoble chasseur
Faites attention, à cette odeur de pouvoir
Faites attention, à la fille qui voit dans le noir

Dans ce réel si merveilleux
Pourquoi personne n'est heureux ?
Qui pourra donc nous sauver
De ces monstres affamés ?

Darklice semble avoir peur.

Toki à Darklice. — Si tu préfères le monde réel, tu peux y retourner !

Psycho. — Ah, ah… le monde réel… Le monde des écrans ? Où l'on fête Noël sous la neige ? Où les gens affichent de beaux sourires devant des monuments aux morts ? Où chacun se vante de ce qu'il a, sans jamais savoir qui il est ?

Darklice. — Je n'ai pas dit que je voulais y retourner…

Mani. — Elle n'est pas des nôtres… C'est peut-être à cause d'elle, que nous avons des sauterelles…

Psycho. — Si nous la laissons ici, nous aurons des incendies.

Nous votons la pendaison
Elle ne mérite pas la prison
Nous votons tous le bûcher
Ça ne sert à rien de l'enfermer

Je vous clame mon innocence
Faites un peu preuve de bon sens
Suis-je donc la seule à les voir ?
Sortez-moi de ce cauchemar !

Changement de lumières, les infirmières entrent en scène, se précipitent, arrachent Darklice des mains des fous, l'harnachent d'une camisole, d'un bandage sur la tête et d'électrodes, tout en parlant…

LOUISE. — Ah, Carole, une patiente veut revenir à la raison !

CAROLE. — Allez, ma p'tite Darklice, tu vas retrouver le monde réel !

DARKLICE. — Mais y a-t-il des dangers ?

CAROLE. — Non, mais il faut quand même faire attention…

LOUISE. — Il faut faire attention aux vents, aux pluies et… aux poulets qui peuvent avoir la grippe !

CAROLE. — Aux inconnus et surtout… aux étrangers…

LOUISE. — Il ne faut pas aller trop vite.

Carole. — Ni trop lentement.

Louise. — Il ne faut pas trop boire.

Carole. — Il ne faut pas trop manger.

Louise. — Ni se laisser mourir de faim.

Carole. — Ne pas tout dépenser.

Louise. — Il faut économiser.

Carole. — Il faut acheter une maison…

Louise. — …et la rembourser pendant vingt-cinq ans.

Carole. — Comme ça, tu l'auras pour ta retraite !

Louise. — Il faut penser à ta vieillesse, et à ta mort, le plus tôt possible.

Carole. — Ah Darklice ! Grâce à notre traitement…

Louise. — …tu vas pouvoir avoir une vie normale.

Carole. — Tu vas faire des études…

Psycho. — …tu vas remâcher, rabâcher, répéter comme un perroquet ce que les autres ont pensé pour toi…

Carole. — …et après tu seras for-mée !

Louise. — Après cette bonne remise en norme, tu pourras te marier…

Mani. — …donner ta liberté à quelqu'un d'autre, renoncer à être toi-même.

Louise. — Et faire des com-pro-mis.

Carole. — Tu chercheras un travail…

Sissi. — …et tu pourras engraisser des actionnaires grâce à tes efforts.

Louise. — Tu seras épanouie, comme nous !

Reprise du piano… Darklice rend les instruments aux infirmières, recule, retourne dans le groupe des «fous». Reprise du refrain «Dans ce réel si merveilleux!».

Dans ce réel si merveilleux
Pourquoi personne n'est heureux?
Qui pourra donc nous sauver
De ces monstres affamés?

Les infirmières sortent en haussant les épaules.

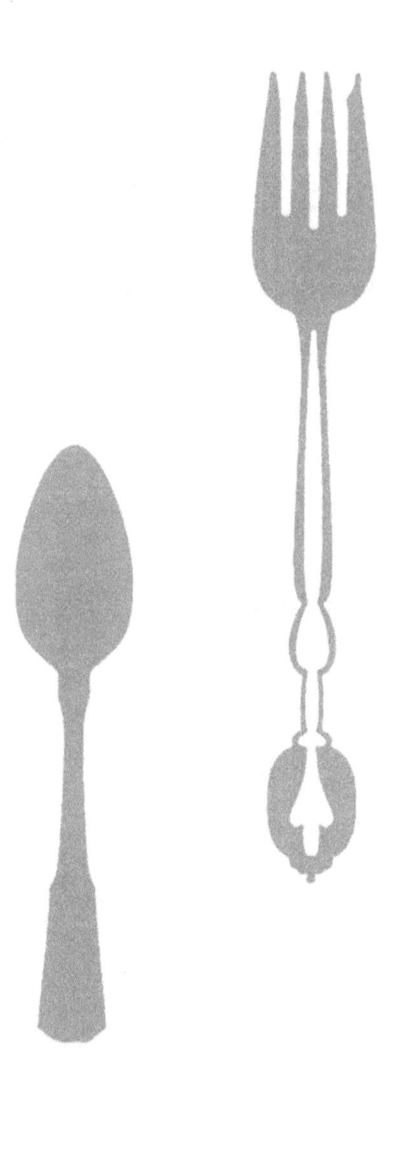

Tous les fous applaudissent Darklice et la félicitent pour son choix.

MANI. — Tu es des nôtres, à présent. Tu as renoncé à la médiocrité du monde réel.

Pendant ce temps, les hommes de ménage lâchent leurs instruments et reprennent leur balai. Ils passent le balai du côté cour vers le côté jardin, en sifflotant l'air du refrain « Dans ce réel si merveilleux ».

DARKLICE. — Pourquoi les infirmières ne nous voient pas tels que nous sommes vraiment ?

MANI. — Oh, elles, elles ne voient que les apparences… Il y en avait une qui nous comprenait avant… mais elle est partie…

DARKLICE, *montrant les hommes de ménage.* — Et eux ?

SISSI. — Eux, les hommes de ménage ? Mes valets ? Ils hésitent. Ils aimeraient aller au-delà de leur condition, mais ils n'osent pas…

DARKLICE, *aux hommes de ménage.* — Vous aimez la musique on dirait ?

Homme de ménage 1. — Oui, mais nous ne sommes pas des artistes…

Psycho. — Tout le monde est un peu artiste, s'il fait ce choix… que ce soit son plan B, ou son plan A !

Homme de ménage 1. — Moi, je connais que les plans de maison, les plans de table et les plans de travail.

Homme de ménage 2. — Moi, mon plan C c'était chanteur, mais j'ai pris B pour balayeur.

Darklice. — Et le plan A ?

Homme de ménage 2. — Ah, mon plan A, c'était Artiste, musicien, guitariste !

Sissi. — Vous devriez jouer pour moi… enfin, pour nous !

Homme de ménage 2. — Dans une autre vie, peut-être…

Mani. — Mais la vie, c'est maintenant !

Toki. — Il faut se dépêcher ! Allez ! Musique !

Les hommes de ménage défont le haut de leur bleu de travail sous lequel ils ont un habit de scène. Ils se mettent à jouer (batterie et guitare).

Il ne vous reste que treize novembres

Paroles et musique : Kharma Légal

Il ne vous reste que treize novembres
    et dix-sept heures

Quitte à flamber de l'intérieur,
    autant produire de la lumière
Vous êtes une comète sur la Terre
Mais vous n'avez qu'un seul passage
Il serait dommage d'être trop sage
Et de rater votre ascenseur

Il ne vous reste que treize novembres
    et dix-sept heures

Allez !

Il vaudrait mieux remplir les vides,
    plutôt que de vider des verres
Alors, quittez cet air austère
Et attrapez votre guitare
Avant que la vie ne dise « trop tard ! »
Car c'est à présent le bonheur

Il ne vous reste que treize novembres
    et dix-sept heures

On en connaît
Qui sont passés
À côté de leurs grands espoirs
Vous feriez mieux
De dépasser
Vos peurs et de franchir le miroir

Pour découvrir votre bonheur

Il ne vous reste que treize novembres
    et dix-sept heures

Quitte à flamber de l'intérieur,
    autant produire de la lumière
Vous êtes une comète sur la Terre
Mais vous n'avez qu'un seul passage
Il serait dommage d'être trop sage
Et de rater votre ascenseur

Il ne vous reste que treize novembres
    et dix-sept heures
Il ne vous reste que treize novembres
    et dix-sept heures

Dès que les infirmières entrent en scène, les hommes de ménage sortent en se cachant. Tout le monde sort, sauf Psycho et Darklice.

Scène 7

L'heure du thé

LOUISE. — Ah, ben, ils restent là tout seuls ces deux-là ?

CAROLE. — Oh, je suis fatiguée de les surveiller…

LOUISE. — Tiens, si on leur mettait un peu la télé, on serait tranquilles, on pourrait se faire une petite pause. Moi je fais comme ça avec mes gosses, je les fous devant leur tablette ou devant la télé, j'entends plus personne.

CAROLE. — Ben oui, moi aussi, je fais comme ça, comme tout le monde.

LOUISE. — C'est pratique.

CAROLE. — Et pis c'est éducatif, en plus !

PSYCHO. — Non !

LOUISE. — Qu'est-ce qui lui prend à celui-là ?

CAROLE. — Ah, oui, j'avais oublié ! D'après le docteur, il est devenu fou à force de regarder les écrans… Il ne supportait plus de voir des morts à la télé !

LOUISE. — Oh, la petite nature !

CAROLE. — C'est quand même fou ! Moi mon gosse, il a douze ans, et il a déjà vu au moins dix mille morts à la télé…

Psycho. — Selon les statistiques, un enfant âgé de douze ans, surtout s'il regarde le journal télévisé tous les jours, a déjà vu, à peu près, vingt mille morts…

Carole. — Ben, tu vois, mon gosse, il a déjà vu vingt mille morts, il en fait pas une maladie !

Louise. — Non, mais parce que toi, ton gamin, il est normal.

Elles sortent.

L'heure du thé (la question de Psycho)

Paroles et musique : Skull Sisters

Qui sont les tarés,
Qui regardent la télé ?
Toujours à vingt heures,
Où tous ces gens meurent !

Moi je préfère rester
À l'heure du thé
Plutôt que de regarder l'horreur,
Qui briserait mon cœur !

Qui sont les fous ?
Est-ce vous, ou nous ?
On ne s'est jamais posé la question,

Mais on devrait y prêter attention !
Qui sont les fous ?
Est-ce vous, ou nous ?
On ne s'est jamais posé la question,
Mais on devrait y prêter attention !

Je me suis réveillé
Dans une salle tout en blanc,
On m'avait dénoncé
Car je n'aimais pas le sang !

Qui sont les fous ?
Est-ce vous, ou nous ?
On ne s'est jamais posé la question,
Mais on devrait y prêter attention !
Qui sont les fous ?
Est-ce vous, ou nous ?
On ne s'est jamais posé la question,
Mais on devrait y prêter attention !

Je resterai enfermé,
Dans ma tasse de thé
Plutôt que me souvenir d'eux
Tous ces morts devant mes yeux !
Tous ces gens mourant,
Dans les flammes !
Et vous, les regardant,
Vous, les sans âmes !

Qui sont les fous ?

Est-ce vous, ou nous ?
On a répondu à cette question.
On n'a plus à y prêter attention.

*Psycho et les autres sortent, Darklice reste en scène,
Mani entre à nouveau.*

Scène 8

Souriez !

Mani sourit à Darklice qui lui répond timidement. Panneau « Belle rose » en place, Mani coupe la tête des roses. Jeu avec le public, elle sourit.

Darklice. — Cela vous fait plaisir de couper la tête des roses ?

Mani. — Non…

Darklice. — Non ? Alors, pourquoi ce sourire ?

Mani. — Parce que je suis une femme et, en tant que femme, je me dois de sourire… quand je marche dans la rue, même quand je suis très triste…

Pycho, *sort sa tête de derrière le panneau puis revient en place.* — « Ben voyons, mademoiselle, faut pas faire la tête ! Souriez un peu ! ».

Mani. — Comme je suis une femme, je dois toujours sourire au travail…

Toki *passe à toute vitesse avec un dossier plein de feuilles qu'elle balance sur* Mani. — Il ne suffit pas de rendre des dossiers parfaits et dans les temps. Des clients se sont plaints : vous n'êtes pas assez souriante !

MANI. — C'est ainsi que j'ai commencé à travailler dans une boutique de fleurs funéraires, là, au moins, on ne me demandait pas de sourire !

DARKLICE. — Et c'est à ce moment-là que vous avez commencé à montrer les dents ?

MANI. — Comment ne pas montrer les dents quand, pour le même emploi, on est moins payée qu'un homme ? Comment ne pas montrer les dents quand mon patron m'a demandé de mettre des jupes plus courtes pour aller au travail ? Comment ne pas montrer les dents quand, partout, la moitié de l'humanité est sous-représentée ?

Mani frappe sur le panneau « Belle rose ». Deux lettres s'éteignent « elle ose », et elle commence à chanter.

Halte aux injustices, aux inégalités, aux violences… Souriez ! Montrez les dents !

Smiley (Mani)

Paroles et musique : Skull Sisters

Que tout le monde se lève
Réalisez vos rêves
C'est l'heure de la rébellion
L'heure de la révolution

Que tout le monde se lève
Réalisez vos rêves
Ceci n'est pas une vie
C'est juste de la tyrannie
Que tout le monde se lève
Réalisez vos rêves
Nous naissons tous égaux
Les femmes ont des cerveaux

Refrain

Montrez les dents
C'est amusant
Tout en dansant
Montrez les dents
Souriez, souriez, c'est amusant
Souriez, souriez, montrez les dents
Souriez, souriez, c'est amusant
Souriez, souriez, montrez les dents

Que tout le monde se lève
Avant que quelqu'un crève
Je déteste ce sourire
Je préfère le maudire
Que tout le monde se lève
Avant que quelqu'un crève
Regarde comme le monde est fait
La guerre avant de voter
Que tout le monde se lève
Avant que quelqu'un crève
Il n'y a pas de différences
Tout est dans l'apparence

Montrez les dents
C'est amusant
Tout en dansant
Montrez les dents
Souriez, souriez, c'est amusant
Souriez, souriez, montrez les dents
Souriez, souriez, c'est amusant
Souriez, souriez, montrez les dents

Un, deux, trois, tous en rangs,
Deux, trois, montrez les dents,
Deux, trois, marchez,
Deux, trois, souriez

Montrez les dents
C'est amusant
Tout en dansant
Montrez les dents
Souriez, souriez, c'est amusant
Souriez, souriez, montrez les dents
Souriez, souriez, c'est amusant
Souriez, souriez, montrez les dents

Les fous sont un peu en rébellion à la fin cette chanson. Les infirmières entrent en scène et surprennent les hommes de ménage en tenue de scène et très contents de jouer.

Scène 9
Modestie

Les hommes de ménage se font surprendre par les infirmières tandis qu'ils sont en train de jouer.

CAROLE. — Non, mais, Louise, tu vois ce que je vois ?

LOUISE. — Mais oui, Carole : deux individus qui ne savent pas rester à leur place !

CAROLE. — Au lieu de jouer les musiciens, vous devriez faire correctement votre travail !

HOMME DE MÉNAGE 1. — La musique ne peut pas leur faire de mal !

HOMME DE MÉNAGE 2. — On a tout fini, et on passe un peu de bon temps avec les patients !

CAROLE. — Je ne me préoccupe pas des patients…

HOMME DE MÉNAGE 1, *à part*. — Elle, elle ne se préoccupe jamais des patients.

CAROLE. — Je m'inquiète pour vous ! Est-ce que moi je m'amuse à faire d'autres tâches que celles pour lesquelles je suis payée ?

PSYCHO. — La question est : est-ce que vous vous amusez, parfois ?

CAROLE. — Est-ce que vous pensez être un bon exemple ?

MANI. — La question est : est-ce que vous pensez ?

LOUISE. — Vous devriez plutôt prendre exemple sur nous !

HOMME DE MÉNAGE 2, *à part* — Quel exemple !

LOUISE. — Vous êtes jaloux… Vous êtes jaloux.

CAROLE. — Vous êtes jaloux, parce que nous, on a tout, on a un travail, une voiture, une maison…

TOKI. — Elle veut dire des dettes.

LOUISE. — Alors que vous ? Qu'est-ce que vous avez ?

SISSI. — La question est : et vous, qu'est-ce que vous êtes ?

CAROLE. — La jalousie, c'est pas très beau, c'est un vilain, vilain défaut, enfin niveau défaut, on n'y connaît rien, car nous, perso, on n'en a qu'un, et c'est la…

Modestie (tout le monde)

Paroles et musique : Skull Sisters

Modestie
C'est pas ici ! Non, non, non, non, non, non !
La modestie
C'est pas ici ! Non, non, non, non, non, non !

La jalousie c'est pas très beau
C'est un vilain, vilain défaut,
Niveau défaut, elles en ont plein
Mais soi-disant elles n'en ont qu'un, et c'est la
    modestie
C'est pas ici ! Non, non, non, non, non, non !
La modestie
C'est pas ici ! Non, non, non, non, non, non !

Louise. — Bon, allez ça suffit ! C'est l'heure de
    dormir !

Carole. — Allez, tout le monde au lit et plus vite
    que ça !

*Tout le monde sort, sauf Darklice qui se cache et se
retrouve dans l'obscurité.*

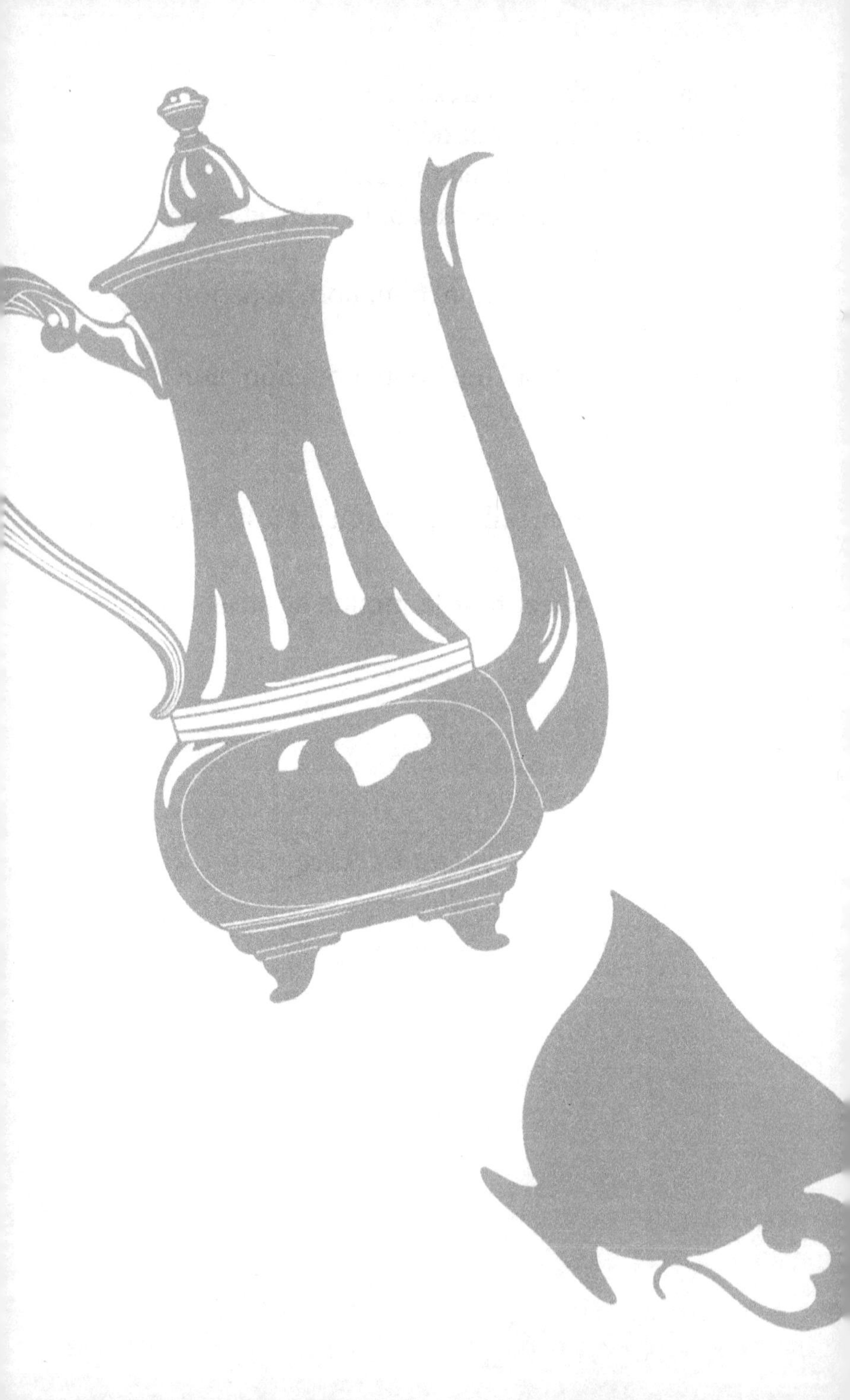

Suis-je de ce monde ?

Il n'y a plus personne : Darklice entonne sa chanson en parlant, se déplace en tenant une petite lampe. Elle joue du piano. Mani la rejoint, puis tous les autres fous et les hommes de ménage. Bataille générale d'oreillers et plumes dans tous les sens.

Suis-je de ce monde ? (Darklice)

Paroles et musique : Skull Sisters

Certains ont leur monde à eux
D'autres l'ont coupé en deux
Serais-je une exception ?
Je me pose la question
Quel est le mien ?
Car j'en ai plein !

Suis-je du monde
Où les rêves sont mieux ?
Ou suis-je du monde
Ce réel merveilleux ?

Suis-je du monde
Où l'heure a son importance ?
Ou suis-je du monde
Où il n'y a pas de tolérance ?

On ne sait pas qui sont les fous
Est-ce vous, est-ce nous ?
Soi-disant, j'entends des voix
Est-ce vraiment juste moi ?
Il faut réaliser ses rêves
Avant que quelqu'un crève

Suis-je du monde
Où les rêves sont mieux ?
Ou suis-je du monde
Où personne n'est heureux ?
Suis-je du monde
De l'autre côté du miroir ?
Ou suis-je du monde
Où vous êtes assis dans le noir ?

Qui sont les miens ?
Quels sont mes liens ?
Arrêtée par aucune barrière
Rien ne me ramènera en arrière
Oh ! Mais je sais
Dans quel monde me trouver
Ma place est de l'autre côté du miroir
Et pas où vous êtes assis dans le noir !

SCÈNE 11

C'est la logique absurde

LOUISE. — Mais qu'est-ce que c'est que ce cirque ?

CAROLE. — Mais vous vous croyez où ? Dans une maison de fous ?

MANI et TOKI. — Mais oui ! On est dans une maison de fous !

TOUT LE MONDE. — Et on vit dans un monde de fous !

PSYCHO. — Et vous êtes les seules à ne pas vous en rendre compte !

La logique absurde

Paroles et musique : Skull Sisters

Trouvez-vous logique
Qu'un triangle puisse être rectangle
Trouvez-vous logique
Que l'on achète et puis qu'on jette
Trouvez-vous logique
Trouvez-vous logique

C'est la logique absurde

Quand la fin devient le début
C'est la logique absurde
C'est quand tu réfléchis que tu ne comprends plus

Trouvez-vous logique
Que l'on se plaigne de ce qu'on n'a pas
Trouvez-vous logique
Que l'on ne regarde pas ce qu'on a
Trouvez-vous logique
Trouvez-vous logique

C'est la logique absurde
Quand la fin devient le début
C'est la logique absurde
C'est quand tu réfléchis que tu ne comprends plus

Certains sont prisonniers de leur passé
D'autres sont fixés par leur futur
Vous ne regardez pas votre traversée
Enfermés dans votre armure

C'est la logique absurde
Quand la fin devient le début
C'est la logique absurde
C'est quand tu réfléchis que tu ne comprends plus
C'est quand tu réfléchis que tu ne comprends plus
C'est quand tu réfléchis que tu ne comprends plus

CAROLE. — Louise, peut-être que tous ces fous n'ont pas perdu la raison.

PSYCHO. — Eh non.

LOUISE. — Peut-être qu'ils ont raison de vivre sans compter…

TOKI. — Hé, hé…

CAROLE. — D'aimer à la folie.

SISSI. — Eh oui.

LOUISE. — Et de rêver un monde impossible…

MANI. — Tout est possible !

CAROLE. — D'être heureux de leurs rêves sans fin…

DARKLICE. — Enfin !

TOKI. — Tout ça vient un peu tard…

MANI. — Mais c'est un bon début !

DARKLICE *au public*. — Si elles pouvaient vous voir, si elles pouvaient nous croire, le monde réel en serait changé…

TOUT LE MONDE. — Levez-vous ! Faites du bruit !

Les fous font frapper les gens dans leurs mains.

Musique. Le public est un peu éclairé. Faire chanter le public « qui sont les fous » en « lalalala ».

Carole. — Oh, Louise, que vois-je, il y a des gens qui nous regardent…

Louise. — Oh, Carole, qu'entends-je, il y a des gens qui nous écoutent…

Lancement du final avec le refrain de l'heure du thé.

Les infirmières se prennent dans les bras puis se détendent peu à peu, jusqu'à se mettre à danser et chanter avec les autres.

L'heure du thé (fin)

Qui sont les fous ?
Est-ce vous, ou nous ?
On ne s'est jamais posé la question,
Mais on devrait y prêter attention !

Qui sont les fous ?
Est-ce vous, ou nous ?
On ne s'est jamais posé la question,
Mais on devrait y prêter attention !

Qui sont les fous ?
C'est sûr, c'est vous
On a répondu à cette question
On n'a plus à y prêter attention

NOIR

Remerciements

Le point de départ d'un livre, d'un texte, c'est souvent une rencontre inattendue. C'est pourtant dans mon foyer, dans mon quotidien, que j'ai découvert les chansons que composent mes filles. Des petites histoires touchantes, inquiétantes ou satiriques de funambules entre deux mondes : et me voilà embarquée dans l'écriture de ce texte théâtral avec quelques chansons et point de fil, si ce n'est celui de la folie.

Et puis, la narration et les dialogues s'imposent d'eux-mêmes, je réclame d'autres chansons : Ludmilla et Oriane les composent et écrivent les paroles. Enfin, le spectacle est écrit.

Ainsi, en premier lieu, je tiens à remercier mes filles et leurs chansons, base de cette comédie musicale et éléments-clés de cette co-création.

Mais pour faire un spectacle, il faut du monde et des fonds. Nous faisons appel à des passionnés : de la jeunesse pour faire honneur aux paroles des Skull Sisters en quête d'un monde meilleur… et à des musiciens : ce sera l'équipe de Kharma Légal.

Cette création n'aurait donc pas pu voir le jour sans le soutien et l'enthousiasme de toute l'équipe, qui est totalement bénévole, et à qui j'adresse **un incommensurable merci** :

Lucie Josserand, *comédienne*;
Lauriane Kuter, *comédienne*;
Samuel Galuola, *chanteur et comédien*;
Loane Tillard, *chanteuse et comédienne*;
Vaihere Chardon, *chanteuse et comédienne*;
Oriane André, *chanteuse, comédienne, auteure et compositrice*;
Ludmilla André, *chanteuse, comédienne, auteure, compositrice et au piano*;
Alain Bouleau, *comédien, compositeur et à la guitare*;
Vincent Maufroy, *comédien, compositeur et aux percussions*;
Hervé André, *à la création sonore, aux arrangements musicaux, compositeur et aux décors*;
Christophe Lack, *aux décors*;
Hervé Gastaldi, *photographe*;
Mylène Godard, *photographe*;
Léa Illy, *coach vocal.*

> « *Dès le moment où on s'engage pleinement,
> la providence se met également en marche.* »
> Goethe

Cependant, il faut tout de même des fonds, des partenaires et des prestataires. Les dossiers de subvention sont donc envoyés et la providence se met en effet en marche.

Un grand merci aux institutions et structures culturelles qui ont soutenu financièrement le projet :

La Mairie de Dumbéa et M. Georges Naturel, maire ainsi que M. Sébastien Holdrinet, chef du service culture et fêtes de Dumbéa.

La Province sud et M. Philippe Michel, président, M. Jean-Baptiste Friat, directeur, Mme Christine Aita, chef de service du développement artistique et culturel ainsi que Mme Joséphine Jannot, chargée d'actions culturelles musique et danse.

Merci à nos généreux donateurs privés
Frédérique Viole et Daniel Ochida ;
Moeata et Éric Durand ;
Dominique et Dominique Lefeivre.

Merci aux entreprises partenaires
Le salon de coiffure *Parallèle*, Nouméa ;
L'institut de beauté *Terre des sens*, Dumbéa ;
Monsieur Bricolage, Dumbéa.

Je tiens à remercier très sincèrement les institutions et structures culturelles qui ont permis la diffusion du spectacle :

Le centre culturel de Dumbéa et Mme Alice Pierre, responsable du centre culturel ;

Le centre culturel du Mont-Dore et M. Grégory Louzier, chef du service Culture.

Merci aussi à notre équipe technique qui opère à la magie du son (Stéphane Hervé, Ludovic Robert, Christophe Planche) et de la lumière (Laurent Lange).

Merci à toute l'équipe du Collège de Dumbéa-sur-mer et à celle du Lycée du Grand Nouméa pour leur soutien indéfectible.

Merci à Madeleine André qui œuvre à l'intendance pour nous fournir tout ce qu'il nous faut pour le spectacle.

Pour la production du clip promotionnel du spectacle, je remercie vivement la ville de Dumbéa, la ville de Nouméa pour leur aimable autorisation de tournage et surtout le conservatoire de musique et de danse de Nouvelle-Calédonie et M. Jean-Pierre Cabée, directeur, ainsi que M. William Michel, régisseur pour l'excellent accueil qui nous a été réservé. Merci à Dany Banreu pour les prises de vue, à Bruno Ciaccafava (Studio Skarabée) pour les prises de son et à François Michaud (Wild horse studio) pour le mixage et le mastering. Merci à Myriam Watué et à son équipe pour le reportage sur Nouvelle-Calédonie la 1ère.

Un grand merci aux figurants : Ismaël Augustin, Ewan Kervoelen, Joseph Rovinot et Tessa Vrenken. Vous méritez une médaille pour votre patience et votre bonne humeur.

Un immense merci à Hervé André qui a pris en main le montage du clip et la création de tous les visuels promotionnels à toutes les étapes.

Merci aux médias qui nous diffusent, nous font connaître et nous permettent d'exister : NRJ, Nouvelle-Calédonie la 1ère, Les Nouvelles Calédoniennes, RRB, Océane, Le Cri du cagou…

Créer est une étape évidente de la production, mais sans éditeur, sans promotion et sans diffuseur, il n'y a pas d'existence. **Je tiens donc particulièrement à remercier Luc Deborde, éditeur, qui soutient et diffuse la création littéraire locale** ainsi que **Cathie Manné de Book'in, et toute l'équipe. Merci aussi au Poemart, à la Maison du livre NC** et à **Écrire en Océanie**, associations qui œuvrent pour la diffusion artistique calédonienne ainsi qu'à **Véronique Mollot, pour la DAAC** et son action auprès du public scolaire pour valoriser la création locale.

J'envoie **un grand merci à Josy Eychenne**, qui a la gentillesse d'être la première lectrice de tous mes manuscrits.

Je remercie mes chers amis qui me soutiennent dans toutes mes démarches d'écrivain et mes créations littéraires et plus particulièrement : Isabelle Vrenken, Catherine Létocart, Karlyne Dedieu, Sandrine

Vanoudendycke, Irène Waheo, Muriel Perronnet (et tous les collègues, je vous adore !), Laurence Pastor-Pasi, Soane Pasi, Marlène Munoz, Fabien Madeleine, Julie Lablanque, Elsa le Hellec, Johane Bouthiaux, Séverine Zimmer, Sandrine Varaona, Claire-Marie Aït-Aïssa… pour ne citer que ces quelques personnes… Si vous n'êtes pas sur cette liste, mais que vous êtes dans mon cœur, vous étiez dans les remerciements précédents, ou serez dans les prochains !

Et bien sûr **merci à tous les lecteurs**, qui me suivent depuis l'aventure *Okaï et choda* et même avant ! **J'en profite pour remercier toute l'équipe de « Livre mon ami »**, un dispositif audacieux qui mise sur la lecture, la culture et les jeunes !

Je remercie enfin les personnes qui ont encouragé les Skull Sisters depuis leurs débuts, et spécialement :

Léa Illy, *professeure d'éducation musicale et de chant choral* ;

Alain Guarese, *directeur de l'AFMI* ;

Alexia Duchesne, *chargée d'actions culturelles à la province Sud* ;

Jean-Marc Desvals, *président de l'association Blackwoodstock Festival.*

Vos paroles ont été entendues, et les graines que vous plantez par vos mots et vos actions poussent chaque jour un peu plus pour faire grandir la jeunesse artistique, musicale et créative du pays.

**Découvrez les autres ouvrages
de notre catalogue !**

http://www.editions-humanis.com

Luc Deborde
Éditions Humanis
BP 32059 – 98 897 Nouméa
Nouvelle-Calédonie

Mail : luc@editions-humanis.com

www.ingramcontent.com/pod-product-compliance
Lightning Source LLC
Chambersburg PA
CBHW020752160726
47993CB00006B/2738